Raph Soria

Demandez les paroles !

Chansons

© 2017, Raph Soria
© 2017, Couverture de Thierry Bleton

Editeur : BoD – Books on Demand
12/14 rond-point des Champs Elysées, 75008 Paris
Impression : Books on Demand Norderstedt

ISBN : 9782322139545

Dépôt légal mars 2017

A Joëlle
La femme que j'ai épousée deux fois

J'ai toujours écrit : des monologues, des nouvelles, des poèmes.

C'est un concours de circonstances qui m'a conduit à écrire des chansons, moi qui ne suis pas musicien.

Nous sommes en 1978 – hier, quoi ! Chargé de l'animation du « Théâtre du bout de la nuit » au Festival Populaire de Martigues, je rencontre Jean-Marc Versini, un jeune auteur-compositeur-interprète martégal au talent prometteur et nous décidons de travailler ensemble. Très rapidement, Jean-Marc rencontre à son tour Guy Rochas, un jeune compositeur-interprète talentueux lui aussi (sa parolière est Simone Nicolas) qui se joint à nous. Nous élaborons ensemble un « programme » Versini-Rochas. Souhaitant que je sois à leur côté au « Bout de la nuit », ils me proposent de mettre en musique quelques-uns de mes poèmes. Mais je savais par avance que ce serait impossible car mes textes ne sont ni rythmés, ni rimés, ni assonancés. Très déterminés pourtant, ils me proposent chacun trois chansons et c'est sous le titre « Ils chantent » que nous nous présentons au « Bout de la nuit » après nous être un peu rodés dans quelques MJC (Martigues, Port-Saint-Louis-du-Rhône, Aix, Château-Arnoux, Balaruc) mais aussi à Marseille (parc Chanot et abbaye Saint-Victor) …

L'aventure aurait pu s'arrêter là car voilà Jean-Marc et Guy partis séparément à Paris.

Or, quelques mois avant l'édition 1979 du Festival, ils me téléphonent, désireux de renouveler l'expérience, me mettant gentiment au défi d'écrire mes propres chansons.

C'est ainsi que je me lance à écrire mes premiers textes (La chamade, Séparation, La Solitude, Ma terre verte et bleue…), sur lesquels j'arrive à mettre une mélodie Je les rode avec quelques jeunes copains musiciens de la MJC, Denis Delpalillo, Patrick Colasante, Paul Favata et Marc Menotti. Et nous voilà, au moment du Festival, repartis Jean-Marc, Guy et moi pour un tour au « Bout de la nuit » avec « Ils chantent »… et, cette fois, mes propres chansons.

Jean-Marc et Guy repartis à Paris, j'ai un peu continué à chanter avec Denis, Patrick, Paul et Marc, et puis l'aventure s'est achevée là… si ce n'est que prenant goût à cette forme d'expression, j'ai continué à écrire des chansons… sans les chanter.

Bien des années ont passé. Arrivé au terme de mon parcours professionnel, j'ai sollicité et obtenu une pré retraite pour me consacrer à l'écriture.

Quittant mon dernier poste à Lille, j'atterris à Entressen (Istres) où je crée un atelier d'écriture qui se transforme rapidement en une association littéraire : « Entre ces Mots » qui rassemble des auteurs mais aussi des auteurs-compositeurs-interprètes.

En 2005/2006, je rencontre Jean-Charles Lenne, un guitariste qui met des accords sur mes chansons et devient pour un temps mon accompagnateur. Avec d'autres copains, je chante mes chansons dans le cadre de plusieurs éditions du « Printemps des Poètes » organisées par « Entre ces Mots » et, par la suite, en diverses occasions.

Jean-Charles me quitte. Olivier Fernandez-Vidal le remplace. Se joignent à nous un bassiste, Jean-Marc Chavin et un second guitariste, Pierre Ruano et nous formons le groupe « Raph & Co ». Nous nous produisons toutes les fois que c'est possible (MJC, médiathèques, associations…). Nous gravons même un CD (non professionnel) de dix titres. Mais nous nous arrêtons lorsqu'Olivier change de vie et de domicile…

Tout ceci pour expliquer comment m'est venue la passion de la chanson et pour dire que j'ai chanté en public beaucoup des chansons qui figurent dans ce recueil et dont j'ai « inventé » les mélodies, moi qui ne connais pas la musique, qui ne sais pas écrire une partition.

C'est une relecture attentive et critique de mes textes qui m'ont conduit à la remarque qu'ils pouvaient sortir de leur tiroir et qu'ils pouvaient vivre leur vie sans musique, comme des poèmes. Les voici donc. J'espère que certains d'entre eux auront l'heur de vous toucher.

Pour finir, je voudrais saluer au passage mes copains de route auteurs-compositeurs-interprètes avec lesquels j'ai partagé par le biais d'« Entre ces Mots » quelques « interventions » : Jean-Pierre Brandibat, Christian Cellier, Caroline Combe, Manu Labat, Bernard Le Guein, José Nadal et Tiné Raynal.

Ah oui ! Je ne désespère pas de me remettre à chanter si, par chance, guitariste ou claviste, je trouvais un accompagnateur…

Table des matières

Instantanés
Premier rendez-vous
Le rendez-vous surprise
Tendre blessure
Je dirai qui tu es
Toi je t'aime
Ta chanson
Les chemins de liberté
Tu gémis, tu pleures
Un enfant
Cécilia, Barbara
Amour toujours
Séparation
N, i, ni, fini
La solitude
Insomnies
Mémoire d'ombre
La plage
L'enfant du métro
Anachronique
Faits divers
Diaporama
La chamade
America
Ku Klux Klan
Un jour
Vivre libre
Le mal de vivre, la joie de vivre
Tu la reconnaîtras
Mon petit colibri
Au bord d'elle

J'ai un rendez-vous amoureux...
Ah les affres de l'attente !
Fièvre, angoisse et délices entremêlés, « le cœur bat le
[tambour fou de l'amour qui s'émerveille ».
Pourvu que la rencontre ou les retrouvailles ne me
[réservent pas de mauvaise surprise !...

Instantanés

Je voudrais que s'arrête
Sur sa crête
La charrette
Du temps
Et qu'alors disparaisse
La tristesse
Qu'elle cesse
A l'instant
Je voudrais que chancelle
La nacelle
Balancelle
Du temps
Et soudain que se fige
Ô prodige
Ce vertige
Insistant

Dans ce parc où j'attends une belle de nuit rit comme une
[pécore
Des pigeons familiers cherchent des mies de pain et goulus
[les picorent
Deux jeunes amoureux enlacés sur un banc très tendrement
[s'embrassent
Sans se préoccuper du regard attendri des promeneurs qui
[passent
Dans le bassin couvert de grands nénuphars blancs se
[poursuivent des cygnes
Des filles se séparent se retournant souvent en se faisant des
[signes
De petits vieux furtifs se font en papotant mille
[conciliabules

Des enfants turbulents se bousculent en riant et font crever
[des bulles

Je voudrais que s'arrête
Sur sa crête
La charrette
Du temps
Et qu'alors disparaisse
La tristesse
Qu'elle cesse
A l'instant
Je voudrais que chancelle
La nacelle
Balancelle
Du temps
Et soudain que se fige
Ô prodige
Ce vertige
Insistant

Sous le tilleul en fleur deux commères mafflues gesticulent
[et bavardent
Un tout petit garçon qui cherche son ballon s'approche et les
[regarde
Une jeune maman berce dans son landau son bébé pour qu'il
[dorme
Passe un aviateur vaniteux comme un paon dans son bel
[uniforme
Un gardien tout voûté ratisse sur le sol des rameaux et des
[feuilles
D'où je suis je peux voir un lézard sur le mur auprès du
[chèvrefeuille
Dans ce parc où j'attends un peu triste et inquiet le cœur à la
[dérive

Je t'aperçois soudain tu es vive et jolie tu ris quand tu
[arrives

Je voudrais que s'arrête
Sur sa crête
La charrette
Du temps
Et qu'alors disparaisse
La tristesse
Qu'elle cesse
A l'instant
Je voudrais que chancelle
La nacelle
Balancelle
Du temps

Premier rendez-vous

Diabolique despotique
Comme un piano mécanique
Onirique hypnotique
Ce leitmotiv obsédant
Irréelle chanterelle
Roue lassante d'une vielle
Qui tourne tourne les ailes
De son crincrin redondant

Sur le banc où je repose
A côté des lauriers roses
Plus d'un scénario s'impose
A mon esprit je l'avoue
Les idées un peu moroses
Moi je n'attends pas grand-chose
Car je ne crois pas qu'elle ose
Venir à ce rendez-vous

Diabolique despotique
Comme un piano mécanique
Onirique hypnotique
Ce leitmotiv obsédant
Irréelle chanterelle
Roue lassante d'une vielle
Qui tourne tourne les ailes
De son crincrin redondant

Je l'aperçois qui arrive
Sa démarche est leste et vive
Volontaire et décisive
Elle se dirige vers moi
Mon indécision s'esquive

Brutalement elle avive
Tous mes sens à la dérive
Une tornade d'émois

Diabolique despotique
Comme un piano mécanique
Onirique hypnotique
Ce leitmotiv obsédant
Irréelle chanterelle
Roue lassante d'une vielle
Qui tourne tourne les ailes
De son crincrin redondant

C'est je crois mon jour de chance
De son pas sûr qui balance
Déterminée elle avance
Et j'admire son culot
Elle marche comme on danse
Je remarque son aisance
Et je comprends à l'avance
Que j'ai gagné le gros lot

Diabolique despotique
Comme un piano mécanique
Onirique hypnotique
Ce leitmotiv obsédant
Irréelle chanterelle
Roue lassante d'une vielle
Qui tourne tourne les ailes
De son crincrin redondant

Pour moi c'est un jour de fête
Du moins je me le répète
Pourtant je me sens tout bête

Bon dieu que c'est agaçant
Criant chantant à tue-tête
Incandescente alouette
Mon cœur en pleine tempête
Boute le feu à mon sang

Diabolique despotique
Comme un piano mécanique
Onirique hypnotique
Ce leitmotiv obsédant
Irréelle chanterelle
Roue lassante d'une vielle
Qui tourne tourne les ailes
De son crincrin redondant

Elle porte une robe blanche
Ses yeux sont couleur pervenche
Je sens mon souffle qui flanche
Tant je tremble de bonheur
C'est un beau jour de dimanche
Il fait doux dessous les branches
Mais je me sens comme un manche
Quand je lui offre mes fleurs

Diabolique despotique
Comme un piano mécanique
Onirique hypnotique
Ce leitmotiv obsédant
Irréelle chanterelle
Roue lassante d'une vielle
Qui tourne tourne les ailes
De son crincrin redondant

Je ne puis vraiment décrire

Combien elle peut me séduire
Quand je reçois son sourire
Je suis comme un orpailleur
Je sens que mon sort chavire
J'ai tout ce que je désire
A moi qui craignais le pire
Elle m'offre le meilleur

Diabolique despotique
Comme un piano mécanique
Onirique hypnotique
Ce leitmotiv obsédant

Le rendez-vous surprise

J'ai grand ouvert ma fenêtre
Pour pouvoir te reconnaître
Dans le noir
Il me tarde que tu viennes
Je sais que tu seras mienne
Dès ce soir
Sur la nappe de dentelle
J'ai disposé la vaisselle
Pour nous deux
Et le cristal étincelle
A la lueur des chandelles
Pour nous deux

Allez viens
La soirée sera parfaite
Joyeux nous ferons la fête
Toi et moi
Allez viens
Viens nous boirons du champagne
Du vin d'Anjou et d'Espagne
Qui nous tournera la tête
Allez viens
Allez viens
Nous mettrons de la musique
Jolie et mélancolique
Comme toi
Allez viens
Et nous danserons ensemble
Sur cet air qui te ressemble
Un peu fou et nostalgique
Comme toi

Mais voilà que le temps passe
Et qu'impatient je me lasse
Peu à peu
Et dans mes veines battantes
La fatigue de l'attente
Met le feu
Dans la chambre qui somnole
J'ai posé sur la console
Des lys blancs
Et le grand lit à deux places
Lentement s'endort se glace
C'est troublant

Allez viens
Le feu coule dans mes veines
Moitié passion moitié haine
J'aime bien
Allez viens
Ma putain belle et rebelle
Mon amour mon infidèle
Mon amante souveraine
Allez viens
Allez viens
Me rejoindre dans ma couche
Que je t'embrasse te touche
Allez viens
Allez viens
Dans une explosion sublime
Conduis-moi jusqu'à la cime
Et bois ma vie à ma bouche
Allez viens

On a toqué à ma porte
Quels soudains ennuis m'apporte

Le malheur
J'ai du mal à reconnaître
Celle qui se fait connaître
Et j'ai peur
Ses beaux cheveux noirs scintillent
Et ses yeux perçants pétillent
Dans le noir
Elle est attirante et belle
Mais moi je ne veux plus d'elle
Pas ce soir

Eh bien tiens
Il se peut qu'un jour peut-être
Je t'aie ouvert ma fenêtre
Et alors ?
Eh bien tiens
Je vois que tu es surprise
Tu sais que la place est prise
Que je commence à renaître
Sans remords
Eh bien tiens
Si brusquement je m'enflamme
C'est que moi j'aime une femme
Très très fort
Eh bien tiens
Bien que tu sois mon amie
Je te donnerai ma vie
Un autre jour et mon âme
C'est d'accord
Tu n'es pas mon ennemie
Je te donnerai mon âme
Un autre jour et ma vie
Toi
Ma mort...

On le dit fou, passionné, jaloux, exclusif, extrême,
[inconstant, capricieux, volage.
On le dit bohème.
Il ne rime pas toujours avec toujours.
Mais vous ne voudriez pour rien au monde vous y
[soustraire.
C'est l'amour…

Tendre blessure

Bien que souvent la vie soit dure
Il est des bonheurs éclatants
Pourtant tout seul quand je t'attends
Le temps me fuit le temps me dure

Par toi je vis je te l'assure
Une folie de chaque instant
Et je ne crois pas que le temps
Guérira la tendre blessure

Si tu as peur je t'en conjure
Souviens-toi que je t'aime tant
Si soudain tu as froid pourtant
Un amour brûlant je te jure

Par toi je vis je te l'assure
Une folie de chaque instant
Et je ne crois pas que le temps
Guérira la tendre blessure

Pour toi j'ai jeté mon armure
Et me suis donné consentant
Amoureux fougueux et content
Sans un regret sans un murmure

Par toi je vis je te l'assure
Une folie de chaque instant
Et je ne crois pas que le temps
Guérira la tendre blessure

L'éclair dessine sa zébrure
Par Jéhovah ou par Satan

Et sur ton corps j'en fais autant
Lorsque j'épouse ta cambrure

Par toi je vis je te l'assure
Une folie de chaque instant
Et je ne crois pas que le temps
Guérira la tendre blessure

Ma vie se givrait de froidure
Tu as fait surgir le printemps
Mais inquiet lorsque je t'attends
Il n'est de mal que je n'endure

Par toi je vis je te l'assure
Une folie de chaque instant
Et je ne crois pas que le temps
Guérira la tendre blessure
Mais il faut que tu me rassures
A chaque fois que je t'attends

Je dirai qui tu es

Si on me le demande je dirai qui tu es
Frémissante cavale toujours prompte à ruer
Tu es la vague lente
Et la houle violente
Qui sur les galets blancs vomit son sel amer
La lave incandescente
Et l'étoile filante
Dont le dard fulgurant vient féconder la mer

Si on me le demande je dirai qui tu es
Sur les cordes du vent le cri perpétué
Tu es la lune ronde
Et le volcan qui gronde
Le flot de vif argent qui dévale et qui rue
La pluie la grêle l'onde
La rivière profonde
Venant grossir les eaux rageuses de la crue

Si on me le demande je dirai qui tu es
Sur la terre et la peau la ride accentuée
Tu es l'éclair fugace
Sur l'aile du rapace
L'écume bleue du temps qui fond jour après jour
Le nuage qui passe
Image qui s'efface
Dans le ciel dépoli par la fuite du jour

Si on me le demande je dirai qui tu es
Le haut pic enneigé aux cimes habitué
Tu es l'espoir qui monte
Le saumon qui remonte
Le courant du ruisseau pour revivre à nouveau

Cet orage qui dompte
La foudre vive et prompte
Et calme le galop furieux de ses chevaux

Si on me le demande je dirai qui tu es
Dans l'aube s'éveillant l'amour restitué
Tu es le cœur immense
Du jour qui recommence
La vie qui fait fleurir ses bourgeons renaissants
Tu es l'enfant qui lance
Un défi à la chance
Et clame comme un fou son bonheur innocent

Si on me le demande je dirai qui tu es
Si on me le demande

Toi je t'aime

Aujourd'hui plus qu'hier
Et bien moins que demain

Toi
Quand tu viens embellir ma rue mon horizon
Je t'aime
Toi
Quand tu viens éveiller la joie dans ma maison
Je t'aime
Toi
Quand tu peins d'arc en ciel le ciel de ma prison
Je t'aime
Toi si ardente la nuit et si sage le jour
Toi
Quand tu viens bousculer l'ordre de mes saisons
Je t'aime
Toi
Quand tu viens ébranler les murs de ma raison
Je t'aime
Toi
Quand tu changes mon spleen en fervente oraison
Je t'aime
Et j'apprendrai à t'aimer un peu plus un peu mieux chaque
[jour

Parfois je suis un peu soucieux un peu bougon et même un
[peu mécontent
Mais tu sais bien au fond de toi que ça ne va jamais durer
[très longtemps
Tu ne dis rien tu me souris et tu viens tendrement te blottir
[contre moi

Je peux alors sentir battre ton cœur et guetter dans tes yeux
[ton émoi

Toi
Quand tu viens effacer peines et trahisons
Je t'aime
Toi
Quand tu changes en doux miel le fiel de mes poisons
Je t'aime
Toi
Quand tu tisses l'amour et le rire à foison
Je t'aime
Belle princesse la nuit et Cendrillon le jour
Toi
Quand tu deviens folie que je suis déraison
Je t'aime
Toi
Quand tu viens contre moi et que nous nous taisons
Je t'aime
Toi
Quand nous marchons tous deux au même diapason
Je t'aime
Et j'apprendrai à t'aimer un peu plus un peu mieux chaque
[jour

Ta chanson

Me voici dans le parc où tout a commencé
Où nous marchions tous deux tendrement enlacés
Eveillant des échos oubliés du passé
Je viens poser mes pas sur tes pas effacés

Le banc vert garde encore
L'empreinte de ton corps
Et l'allée n'oublie pas
La trace de tes pas
L'églantier du chemin
Se souvient de tes mains
J'imagine comme avant
Ton rire dans le vent

Dans les jardins fleuris les pâles roses thé
Ont un teint velouté rappelant ta beauté
Les jets d'eau du bassin ont la limpidité
Et l'étrange clarté de tes yeux en été

Le gazon garde encore
L'empreinte de ton corps
La charmille n'oublie pas
La trace de tes pas
La glycine du chemin
Se souvient de tes mains
J'imagine comme avant
Ton rire dans le vent

Dans le sous-bois touffu enfin j'ai retrouvé
Ce petit coin douillet par bonheur préservé
Où nous venions cacher nos jeux inachevés
Partageant un amour sans cesse ravivé

La mousse garde encore
L'empreinte de ton corps
Le sentier n'oublie pas
La trace de tes pas
Le genet du chemin
Se souvient de tes mains
J'imagine comme avant
Ton rire dans le vent

Quand enfin fatigué de toujours musarder
Dans la maison menue je me suis hasardé
En haut de l'escalier la chambre mansardée
M'attendait patiemment je m'y suis attardé

Notre lit garde encore
L'empreinte de ton corps
Le parquet n'oublie pas
La trace de tes pas
Sur le mur le jasmin
Se souvient de tes mains
J'imagine comme avant
Ton rire dans le vent

Le gazon garde encore
L'empreinte de ton corps
Le sentier n'oublie pas
La trace de tes pas
L'églantier du chemin
Se souvient de tes mains
La mousse garde encore
L'empreinte de ton corps
La forêt n'oublie pas
La trace de tes pas

Les chemins de liberté

Tu es le chêne du jardin
Le lilas au bord du chemin
Tu es la voix tu es la main
Le lierre qui veut me retenir
Tu es l'arc-en-ciel du levant
Et l'appel de l'engoulevent
Ces violons que j'entends souvent
Quand je ne peux pas m'endormir

Mais moi je suis l'insomniaque
Le juif errant du zodiaque
L'incorrigible maniaque
En quête de liberté
Mais moi je suis le cynique
Le découvreur d'Amériques
Le conquérant fantastique
De l'or brûlant de l'été

Tu es l'eau profonde du puits
Le feu Saint-Elme de la nuit
Et cet adagio de minuit
Que parfois m'apporte le vent
Tu es la ligne d'horizon
Où quand me revient la raison
Moi je dessine la maison
Où je sais bien que tu m'attends

Mais moi je suis le cinoque
L'explorateur d'Orénoques
Des labyrinthes baroques
Où fleurit la liberté
Mais moi je suis l'hérétique

Voleur apocalyptique
Des soleils de l'antarctique
Et du néon des cités

Tu es le port de ma paresse
Tu es le satin que caresse
Ma bouche et sur ta peau je laisse
Un frisson de gong martelé
Tu es le feu quand je tressaille
Et cette douceur qui m'assaille
Quand il faut te livrer bataille
Dans le grand lit écartelé

Mais moi je suis l'authentique
Coureur des mers du tropique
Traqueur de l'énigmatique
Et fragile vérité
Mais moi je suis l'insomniaque
Le juif errant du zodiaque
L'incorrigible maniaque
En quête de liberté

Tu gémis tu pleures

Tu gémis tu pleures
Tu dis qu'on te leurre
Tu voudrais sur l'heure
Me voir accourir
Tu souris tu chantes
Ta beauté m'enchante
Soudain aguichante
Tu te fais chérir

Tu dis que tu m'aimes
Entre deux soupirs
D'un amour extrême
Doux à en mourir

Tu cries et tu rages
Sur ton entourage
Je subis l'orage
Sans trop réagir
Soudain tu t'alarmes
Et tu rends les armes
Tu ris sous tes larmes
Tu sais t'assagir

Tu dis que tu m'aimes
Entre deux soupirs
D'un amour extrême
Doux à en mourir

Tu rugis tempêtes
Comme feu qui pète
Et tu me répètes
Que tu veux partir

Souvent tu proclames
Des droits que tu clames
Et puis tu réclames
Les soins d'un martyr

Tu dis que tu m'aimes
Entre deux soupirs
D'un amour extrême
Doux à en mourir

Parfois tu enrages
Tu te décourages
Mais passé l'orage
Tu sais t'adoucir
Tu deviens touchante
Tendre et attachante
Où est la méchante
Qui veut se durcir

Tu dis que tu m'aimes
Entre deux soupirs
D'un amour extrême
Doux à en mourir

Tu gémis tu pleures
Tu dis qu'on te leurre
Et tu peux sur l'heure
Me voir accourir
Je dis que je t'aime
D'un amour extrême
Ardent mais quand même
Doux à en mourir

Un enfant

Je veux un enfant
Plus beau
Que le vol soyeux des flamants glissant dans le matin
Plus blond
Que l'or liquide du soleil sur l'étang de satin
Plus fou
Que le vertige du chamois franchissant le ravin
Je veux un enfant
Plus chaud
Que le duvet du canard blanc qui s'éclabousse d'eau
Plus frais
Que la crête enneigée des pics dressés comme des couteaux
Plus gai
Que le chant léger du ruisseau sur l'anche des roseaux
Beau et triomphant
Je veux un enfant

Un petit enfant
Nu et agile
Joli comme un faon
Tendre et fragile
Il aurait tes yeux
Tes mains ta bouche
Ton rire radieux
Ton air farouche

Je veux un enfant
Plus vif
Que le torrent se déchirant sur les rochers tranchants
Plus prompt
Que le plongeon du cormoran au cœur de l'océan
Plus fier

Que le vol altier du condor sur la cime du vent
Je veux un enfant
Plus clair
Que la laine bleue de l'agneau par la main caressé
Plus pur
Que le regard mouillé du cerf que la flèche a blessé
Plus doux
Que le souffle rêveur du vent jouant à se bercer
Beau comme un infant
Je veux un enfant

Beau et triomphant
Fais-moi un enfant

Insaisissable, fuyant, frustrant ou réversible comme
[dans un facétieux et pervers jeu de prismes,
Ou lointain et fantasmé comme une « inaccessible
[étoile »,
Inéluctable,
L'amour, toujours l'amour….

Cécilia, Barbara

Cécilia Cécilia j'ai bien reçu ta lettre
Et j'ai aussi trouvé une photo de toi
Où tu te tiens debout adossée au grand hêtre
Derrière ta maison dont j'aperçois le toit
Cécilia Cécilia tu dis que tu es triste
Que tu te sens perdue quand tu es loin de moi
Tu répètes à l'envi que je suis égoïste
Que je me moque bien de tes tendres émois

Toi tu voudrais que nous vivions ensemble
Et moi je veux aller où bon me semble

Cécilia Cécilia il me faut reconnaître
Qu'avec toi je ne suis pas toujours très courtois
Mais vois-tu maintenant je commence à renaître
Comment veux-tu que sur ton sort je m'apitoie
Cécilia Cécilia je vois que tu persistes
A demander quels sont les gens que je côtoie
Et je ne comprends pas pourquoi tant tu insistes
Pour savoir si une autre habite sous mon toit

Toi tu voudrais un fils qui me ressemble
Mais moi je ne veux rien qui nous rassemble

Barbara Barbara as-tu reçu ma lettre
Je n'ai plus de nouvelles depuis au moins un mois
Je suis assez inquiet je me dis que peut-être
Tu voudras bien un peu te souvenir de moi
Barbara Barbara je me sens solitaire
Depuis ce jour où tu es partie en Artois
Je vis vois-tu tout seul en vrai célibataire
J'ai le cœur et l'esprit tout occupés de toi

Tu ne veux pas que nous vivions ensemble
Moi je voudrais un fils qui te ressemble

Barbara Barbara j'ai perdu mon bien être
Pourquoi racontes-tu partout que je larmoie
Alors que sur ta vie quand je veux tout connaître
Je vois que tu hésites et que tu atermoies
Barbara Barbara je ne peux plus me taire
Quel est donc ce charmant garçon qui te tutoie
Tu prétends sans rougir qu'il est ton locataire
Ce culot que tu as me laisse tout pantois

Moi je voudrais que la vie nous rassemble
Tu fais toujours tout ce que bon te semble
Tu ne veux pas que nous vivions ensemble
Tu ne veux pas d'enfant qui me ressemble
Tu fais toujours tout ce que bon te semble
Tu ne veux pas que nous vivions ensemble

Amour toujours

Amour amour
Tantôt voyou tantôt prince charmant
Tu fais ton nid dans le lit des amants
Bienfait bonheur ou châtiment
Amour amour
Comme dans les films les contes et les romans
Tu leur murmures entre mille serments
Je t'aime je t'aime infiniment

Amour amour
Pour enjôler et charmer sans détour
Beau séducteur qui connaît bien ses tours
Tu sais déployer tes plus beaux atours
Amour amour
De l'aube douce à la tombée du jour
Tu leur répètes à l'envi alentour
Je t'aime je t'aimerai toujours
Toujours toujours toujours toujours

Amour amour
Cœur d'amadou d'étoupe ou de diamant
Tu sais froisser les draps blancs des amants
Dans leur lit en les consumant
Amour amour
Mêlant le rire à tous tes boniments
Tu fais rimer espoirs et compliments
Comment deviner que tu mens

Amour amour

Griffe acérée ou patte de velours
Blanche colombe ou bien sombre vautour
Tu les envoûtes lorsque tu accours
Amour amour
Quand tu prétends te montrer au grand jour
C'est pour mieux leur cacher à contre-jour
Tes vaines promesses d'un jour
D'un jour d'un jour d'un jour d'un jour

Amour amour
Enfant cruel changeant ou véhément
Quand tu désertes le lit des amants
Tu sèmes le ressentiment
Amour amour
Quand tu t'enfuis loin bien loin des amants
Tu saccages leurs plus beaux sentiments
Et ne leur laisses que tourments

Amour amour
Indifférent muet aveugle et sourd
Tu pars pour Rio Bali Singapour
Rien que pour folâtrer dans d'autres cours
Amour amour
Frappant deux cœurs accablés sans recours
Tu fuis sans bruit dès la pointe du jour
Disant je reviendrai un jour
Un jour un jour un jour un jour
Commencez le compte à rebours
Sachez que je reviens toujours
Toujours toujours toujours toujours

Amour amour amour amour amour

Couperet,
Coup de poignard,,
Ou lente déchirure
Sont de béantes blessures par lesquelles s'enfuient
[comme des lucioles affolées,
Avec les souvenirs heureux des jours bleus qui se
[délitent dans les nuages,
Les serments non tenus, les espoirs défunts, les projets
[irréalisés.
La séparation est cruelle ou salutaire…

Séparation

Nous sommes là
Sans faire un pas
Moi roncier toi aubépine
A nous toucher
Nous écorcher
A nos cruelles épines
Tout éplorés
Prêts à pleurer
Nous allons rendre les armes
Le cœur serré
En souriant sous nos larmes

Tu peux pleurer
Tes rêves sont comme le blé fauchés
Les fruits d'espoir sur leur branche ont séché
Tu vois nous ne vieillirons pas ensemble
Tu peux pleurer
L'enfant a peur qui marche dans la nuit
L'oiseau se meurt qui tombe de son nid
Alors ce soir tu peux pleurer

Tu peux pleurer sur tes nuits blanches
Sur ton bonheur sur tes dimanches
Sur ces beaux jours
Qu'on va jeter au feu
Tu peux pleurer ta peine immense
Adieu mon cœur adieu la chance
Et cet amour
Qui s'en va peu à peu

Tu peux pleurer
Ne crains pas que

Je me moque
De toi
Car moi j'ai mal
C'est normal
Comme toi
Alors ce soir tu peux pleurer

Bien que partant
Je t'aime tant
Pourtant la vie nous délie
Et le chagrin
Qui nous étreint
Vole un peu de notre vie
Vois je ne sais
Ce que je fais
Je crois que j'ouvre la porte
Et je m'en vais
Dans le vent froid qui m'emporte

Tu peux pleurer
Ne crains pas que
Je me moque
De toi
C'est bien normal
Moi j'ai mal
Comme toi
Alors ce soir tu peux pleurer

N, i, ni, fini

Maintenant pour nous c'est fini
Fini fini
Et bien fini
Les souvenirs que l'on bannit
Que l'on dénie
Tous les beaux serments que l'on nie
Que l'on renie
La vérité qu'on remanie
Aujourd'hui pour nous c'est fini
Fini fini
Et bien fini
Je m'envole en catimini
Bien loin du nid
Loin de tes embrouillaminis
De tes manies
De ton goût pour la zizanie

Moi je croyais qu'avec nous la tendresse
Résisterait à l'usure des jours
Mais entre nous le grand mur qui se dresse
Désormais nous sépare pour toujours

Maintenant pour nous c'est fini
Fini fini
Et bien fini
Je peux vouer aux gémonies
Ta tyrannie
Les manœuvres auxquelles s'ingénie
Ton grand génie
Tes tics et tes cérémonies
Aujourd'hui pour nous c'est fini
Fini fini

Et bien fini
Tes humeurs ton acrimonie
Mes insomnies
Mes problèmes enfin aplanis
Je rajeunis
Je sors de ma neurasthénie

Moi je croyais que viendrait la détresse
D'un bel amour disparu pour toujours
Mais je vois bien qu'enfin je me redresse
Et qu'on se quitte comme on se dit bonjour

Maintenant pour nous c'est fini
Fini fini
Et bien fini
Nous nous sommes punis honnis
Et agonis
Et de mensonge en félonie
En calomnie
Nos deux vies se sont désunies
Aujourd'hui pour nous c'est fini
Fini fini
Et bien fini
Mais la mort d'un amour terni
Fini fini
Laissant le goût indéfini
D'une agonie
Est d'une tristesse infinie

Fini
Fini
Fini
Fini

Noir le ciel, noir le soleil,
Noire la nuit, noirs les cauchemars,
Noir le cafard,
Noires les idées noires,
Noir le désespoir…

La solitude

La solitude
Elle est venue à petits pas
Alors que tu n'y croyais pas
Bien installé dans ta quiétude
La solitude
Comme un monstre du fond des mers
Elle a pondu ses œufs amers
Au plein cœur de tes certitudes

La solitude
Des jours
Sombres
Comme l'ombre
D'un ciel lourd
La solitude
Qui te mine
Qui te ruine
Corps et biens
Et toi tu vas tu viens
Sans un ami sans un chien

La solitude
Tu disais qu'elle n'existe pas
Mais elle te colle à chaque pas
Elle t'englue dans ses servitudes
La solitude
Elle se cache au creux de ton lit
Dans les lettres que tu relis
Tes peurs et tes incertitudes

La solitude
Des nuits

Vides
Et les rides
De l'ennui
La solitude
Si subite
Elle t'habite
Elle te tient
Et toi tu vas tu viens
Sans un ami sans un chien

La solitude
Tu vois du haut de ton balcon
Ces gens blottis dans leur cocon
Bien au chaud dans leurs habitudes
La solitude
Le désespoir pour horizon
Tu tournes en rond dans ta prison
Recru de trop de lassitude

La solitude
Quand tu
Tresses
La détresse
Qui te tue
La solitude
Quand tu rêves
Que tu crèves
Comme un chien
Et que tu vas tu viens
Pauvre fou qui n'as plus rien

Que la solitude
La solitude
La solitude

Insomnies

Spleen
Honni maudit pire que la calomnie
L'ami fidèle de mes insomnies
J'entends sonner craintif l'horloge de minuit
Et l'effroi vient planter ses griffes dans la nuit
Spleen
Ce soir je ne peux pas me rendormir
Mes fantômes ne cessent de gémir
Je les sens là rôder autour de moi captifs
Avec des gestes lents et des regards furtifs

Dans ma tête qui gronde
De bruit et de fureur
Se déchaîne la ronde
Nocturne de l'horreur
Ma télé ne dit guère
Quel sera notre sort
Elle me montre la guerre
La violence et la mort

Spleen
Aux battements angoissés de mon cœur
Je sens monter en moi mes vieilles peurs
Je rejette à mes pieds couverture et duvet
Et je rallume anxieux ma lampe de chevet
Spleen
Dès que j'éteins mes vieux démons sont là
Compagnons inquiétants de l'au-delà
Je sais bien que tout bas ils se gaussent de moi
Riant de ma frayeur et raillant mon émoi

Partout monte la foule

Des insurgés masqués
Et se dresse la houle
Des gens d'armes casqués
A moins que ne revienne
Atroce défilé
La noria quotidienne
Des enfants mutilés

Spleen
Dans mon grand lit glacé je suis tout seul
Mon drap froissé crisse comme un linceul
Le silence est empli du tictac du réveil
Quand je veux m'endormir sans trouver le sommeil
Spleen
A mon chevet je vois s'asseoir ma mort
Qui ricane et m'appelle sans remords
Je m'éveille en sursaut et tout affolé car
Je me suis assoupi j'ai fait un cauchemar

Dix mille catastrophes
De pleurs et de douleur
Ne laissent la moindre strophe
Pour penser au bonheur
Que cesse le déluge
De feu de sang de fer
Et qu'on trouve refuge
Bien loin de cet enfer

Spleen
Pour effacer mes rêves de damné
J'attends transi l'aube du condamné
Je tourne dans mon lit tout baigné de sueur
En guettant du matin la première lueur
Spleen

Quand j'entends les premiers bruits familiers
Va et vient rassurant des journaliers
Devinant que le jour va se lever dehors
Alors fermant les yeux apaisé je m'endors

Spleen
L'ami fidèle de mes insomnies

Mémoire d'ombre

Noire mémoire
Précieux grimoire
Des draps de moire
Dans une armoire
Aléatoire
Blasphématoire
Qui peut te croire
Mémoire noire
Mémoire grise
D'amour éprise
Mon cœur se grise
De sang cerise
Ma vie se brise
Donnée reprise
Leçon apprise
Mémoire grise

Mémoire sombre
Recoins pénombre
Mémoire blanche
D'une avalanche
Sous les décombres
Mémoire d'ombre
Plus rien ne bouge
Mémoire rouge

Mémoire verte
Des lieux inertes
Maison ouverte
Que l'on déserte
Redécouverte
Des plaies rouvertes

Douleurs souffertes
Mémoire verte
Mémoire rose
De chambre close
Parfum de rose
Des vieilles choses
Odeur névrose
Fleur silicose
Tuberculose
Mémoire rose

Mémoire sombre
Recoins pénombre
Mémoire blanche
D'une avalanche
Sous les décombres
Mémoire d'ombre
Plus rien ne bouge
Mémoire rouge

Mémoire mauve
Femme aux yeux fauves
Secrets d'alcôve
Roman guimauve
Pareille à l'ove
Ma peur se love
J'ai la vie sauve
Mémoire mauve
Mémoire orange
Fins cheveux d'ange
Regard d'archange
Chant de mésange
Tu vis tu changes
Et tu déranges

Mon rêve étrange
Mémoire orange

Mémoire sombre
Recoins pénombre
Mémoire blanche
D'une avalanche
Sous les décombres
Mémoire d'ombre
Plus rien ne bouge
Mémoire rouge

La plage

Comme l'épave sur le sable
Rejetée là par le ressac
Flanqué d'un spleen ineffaçable
Je traîne ma vie mise à sac
Fuyant la cohue haïssable
Je suis venu poser mon sac
Dans cette crique où inlassable
S'épuise le bruit du ressac

Errant tout seul sur cette plage
Où nous venions en amoureux
Je quête en vain la moindre image
Du temps jadis des jours heureux

Comme l'épave sur le sable
Rejetée là par le ressac
Flanqué d'un spleen ineffaçable
Je traîne ma vie mise à sac
Fuyant la cohue haïssable
Je suis venu poser mon sac
Dans cette crique où inlassable
S'épuise le bruit du ressac

Je voudrais voir dans les nuages
Glissant dans un ciel vaporeux
Le doux reflet de ton visage
Et n'ai que chagrins douloureux

Comme l'épave sur le sable
Rejetée là par le ressac
Flanqué d'un spleen ineffaçable
Je traîne ma vie mise à sac

Fuyant la cohue haïssable
Je suis venu poser mon sac
Dans cette crique où inlassable
S'épuise le bruit du ressac

Partie vers d'autres paysages
Squattant à jamais d'autres cieux
Tu m'as quitté pour des rivages
Abandonnés jusque des dieux

Comme l'épave sur le sable
Rejetée là par le ressac
Flanqué d'un spleen ineffaçable
Je traîne ma vie mise à sac
Fuyant la cohue haïssable
Je suis venu poser mon sac
Dans cette crique où inlassable
S'épuise le bruit du ressac

Je ne puis faire l'apprentissage
Définitif de nos adieux
Non la mort n'est pas un passage
Et vivre sans toi m'est odieux

Meuble comme un château de sable
Lourde comme un pesant bissac
Ma vie sombre et insaisissable
S'achève dans un cul-de-sac
Je plonge cœur inguérissable
Dans le tourbillon du ressac
Et vous trouverez sur le sable
Mes lunettes et mon havresac

Regarde le monde !
Infatigable métronome,
La vie s'agite, foisonne, palpite autour de toi
[telle un cœur vibrant et trépidant.
Regarde le monde !
La vie n'est pas un songe...

L'enfant du métro

J'l'ai vu sans le vouloir
L'enfant
A la gare Eure-et-Loir
L'enfant
On peut l'apercevoir
Assis dans le couloir
Il a de grands yeux noirs
Givrés de désespoir

Il est blême il est gris
L'enfant
Et pourtant il sourit
L'enfant
Au vendeur de grigris
Au vieux clodo aigri
Et moi pas vu pas pris
Je file comme une souris

Il mendie l'air moqueur
L'enfant
M'sieurs'dames à vot'bon cœur
L'enfant
Innocent et truqueur
Victime et arnaqueur
J'suis pas un enfant d'choeur
J'connais ses trucs par cœur

Quand il me tend la main
L'enfant
D'un geste de gamin
L'enfant
Je m'dis et c'est humain

C'est encore un Roumain
Je passe mon chemin
On verra bien demain

Il se fait insistant
L'enfant
M'regarde à bout portant
L'enfant
Content ou pas content
Là je n'ai pas le temps
Y'a quelqu'un qui m'attend
Et ça c'est important

Mais il n'est pas venu
L'enfant
Quand je suis revenu
L'enfant
Qu'est-il bien devenu
Au bout de l'avenue
Un enfant inconnu
Est mort à demi nu

L'est plus dans le couloir
L'enfant
De la gare Eure-et-Loir
L'enfant
Hasard ou désespoir
Crainte prémonitoire
Je n'connais pas l'histoire
De l'enfant aux yeux noirs

Hasard ou désespoir
J'connais pas son histoire
Je ne veux rien savoir

Je ne veux rien savoir
Je ne veux rien savoir

Anachronique

Je ne fais pas de politique
Me disait un jour mon cousin
Et ne crois pas que je critique
Les opinions de mon voisin
Je le trouve par trop optimiste
Je le regrette infiniment
S'il n'était... quelque chose en « iste »
Ce serait un voisin charmant

Moi qui fais mon autocritique
Et qui ne suis pas dogmatique
Qui me critique
Et qui me dit que
Mes idées sont anachroniques
Anachroniques
Anachroniques

Quand j'ai un ami c'est typique
Me disait un jour un copain
C'est une amitié véridique
Qu'il soit pauvre ou qu'il soit rupin
Ne crois surtout pas que je triche
Quand tu me vois aux petits soins
Mais bien sûr c'est mieux s'il est riche
Car on peut en avoir besoin

Comme j'ai des amis authentiques
Quand j'entends ces propos je tique
Qui me critique
Et qui me dit que
L'amitié c'est anachronique
Anachronique

Anachronique

Ma femme est bonne catholique
Me disait un jour un mari
Mais crois-tu que cela explique
Pourquoi notre feu s'est tari
Sensuel ou bien platonique
Alors s'il m'advient un amour
C'est toujours un amour unique
Même s'il ne dure qu'un seul jour

A mille transports érotiques
Je préfère l'amour romantique
Qui me critique
Et qui me dit que
La passion c'est anachronique
Anachronique
Anachronique

Quand j'ai de l'argent je me pique
Me disait un jour un rentier
De ne pas faire de statistique
Si mon magot me reste entier
Quand ta gueule est moche et bien laide
Si tu veux être aimé des gens
Tu le sais bien va que ça aide
Quand on a un p'tit peu d'argent

Comme j'exclus la mathématique
L'appât du gain systématique
Qui me critique
Et qui me dit que
Mon calcul est anachronique
Anachronique

Anachronique

La violence me rend hystérique
Me disait un jour un nervi
Avec quelques bons coups de trique
Plus d'un voyou serait servi
Je ne suis pas un frénétique
Et il s'en faudrait de beaucoup
Mais je crois de bonne tactique
De rendre toujours coup pour coup

Aujourd'hui que nous communique
Le Big Brother électronique
Jamais critique
Mais qui nous dit que
Nos rêves sont anachroniques
Qu'indique la rumeur publique
Invention racontar chronique
Qui me critique
Et qui me dit que
Mes couplets sont trop ironiques
Que mon ton est trop sarcastique
Mais je dis merde à toute la clique
Des vieux cons et des vieux caciques
Des ânes encyclopédiques
Anachroniques
Anachroniques

Faits divers

J'ai lu ce matin dans le journal
Un fait divers tout à fait banal
Des émeutes en Kabylie
Une famine en Somalie
Un krach boursier plein de dollars détournés
Et devant mon café matinal
Je plonge dans un cycle infernal
Des tornades à New Delhi
La sécheresse au Mali
Et le monde qui s'évertue à tourner

Guerre civile en Ouganda
Ethnocide au Rwanda
Des hommes casqués de Bali à Java
Des destructeurs de Bouddhas
De nouveaux Amin Dada
Et la terre tourne et va comme elle va

J'ai lu ce matin dans le journal
Un fait divers tout à fait banal
Des attentats en Irak
Des blessés des morts en vrac
Un kidnapping et un avion détourné
Et devant mon café matinal
Je plonge dans un cycle infernal
Des politiciens véreux
Un tas d'imbéciles heureux
Et le monde qui s'évertue à tourner

En Afrique l'armada
De milliers d'enfants soldats
Des hommes casqués de Lomé à Java

Des millions de candidats
A la mort par le sida
Et la terre tourne et va comme elle va

J'ai lu ce matin dans le journal
Un fait divers tout à fait banal
L'occupation du Liban
Le retour des talibans
Viols et lapidations par pleines fournées
Et devant mon café matinal
Je plonge dans un cycle infernal
Le poids des pétro dollars
L'horreur des narco dollars
Et le monde qui s'évertue à tourner

Le paludisme à Mbinda
Des lépreux à Kabinda
Des hommes casqués de Bangui à Java
De Washington à Djedda
Néo cons et Al-Qaida
Et la terre tourne et va comme elle va

J'ai lu ce matin dans le journal
Un fait divers tout à fait banal
Le grand fléau criminel
Des mines antipersonnel
Génocide par des moyens détournés
Et devant mon café matinal
Je plonge dans un cycle infernal
Oxygène empoisonné
Circulation alternée
Et le monde qui s'évertue à tourner

Des sectateurs de Judas

Qui s'immolent au Nevada
Des hommes casqués de Manille à Java
Course folle à l'agenda
La vie comme une corrida
Et la terre tourne et va comme elle va

J'ai lu ce matin dans le journal
Un fait divers tout à fait banal
Un déraillement un crash
Et soudain là comme un flash
Cette fille qui vient de se retourner
Et devant mon café matinal
Je ressens un choc phénoménal
Elle me sourit c'est banal
Je balance mon journal
Alors le monde se remet à tourner

Je regarde les passants
Qui n'ont rien de menaçant
Je me dis qu'il doit faire beau à Java
Et tous mes sens en éveil
Je regarde le soleil
Et la terre tourne et va comme elle va

Et tous mes sens en éveil
Je regarde le soleil
Et la terre tourne et va comme elle va

Diaporama

Comme la comète brûlante
Le train qui fonce dans la nuit
Comme la vague ruisselante
La foudre ébrouant son ennui
Comme le bateau qui avance
Croyant conquérir l'océan
Comme la corne d'abondance
Qui voudrait nier le néant
Bien campé dans tes certitudes
Tu traces tout droit ton chemin
Sans effort et sans inquiétude
Et sans souci du lendemain

Ta vie t'appartient
Et si tu la tiens
Eh bien tiens-la bien
Mais

La terre n'est pas comme tu crois
Un bien reçu de tes aïeux
Un parc dont tu serais le roi
Un zoo dont tu serais le dieu
Cesse de traverser la vie
Te pensant le nombril du monde
Cette vie peut t'être ravie
A chaque instant chaque seconde
Tu habites ton existence
Sans savoir qu'elle n'est qu'un hôtel
Un accident sans importance
Un petit animal mortel

Ta vie t'appartient

Et si tu la tiens
Eh bien tiens-la bien
Mais

La vie qui pulse dans tes veines
Aux coups de boutoir de ton cœur
N'est que le maillon d'une chaîne
Défi ou pied de nez moqueur
Moitié Eden moitié Géhenne
Tu vis ta vie à minima
Mais tu descends à la prochaine
Et tu meurs dans l'anonymat
La vie la mort l'amour la peine
Ce n'est pas un diaporama
D'images de mots et de scènes
Comme on en voit au cinéma

Ta vie t'appartient
Et si tu la tiens
Eh bien tiens-la bien
Mais

Le temps te glisse entre les doigts
Comme une eau qu'on ne peut saisir
Il te caresse il te rudoie
Te ballotte à malin plaisir
De ton sort sois enfin acteur
Prends ton destin à bras le corps
Ne sois pas de ces spectateurs
Qui rêvent d'improbables ports
La vie la vie nous tourneboule
Elle ne regarde que devant
Elle est comme pierre qui roule
Torrent qui nous pousse en avant

Ta vie t'appartient
Et si tu la tiens
Eh bien tiens-la bien
Mais

Regarde un peu autour de toi
Dépêche-toi d'ouvrir les yeux
Sur ceux qui n'ont ni lit ni toit
Sur ceux qui n'ont ni feu ni lieu
Ne proclame pas aberrant
Que toujours l'homme s'énamoure
Et ne sois pas indifférent
A tout ce malheur qui t'entoure
Bannis la jalousie la haine
Le désespoir ou la rancœur
Bats-toi fort contre la déveine
En repoussant les crève-cœur

Ta vie t'appartient
Et si tu la tiens
Eh bien tiens-la bien
Mais

Vis mais ne sois pas égoïste
Aime mais aussi partage un peu
Ne sois pas de ces j'm'enfichistes
Ces zélateurs du sauve qui peut
Prends ton destin à bras le corps
Et ne vis plus à minima
Ne crains pas d'affronter ton sort
La vie n'est pas du cinéma
La vie comme pierre qui roule
Elle nous bouscule elle nous chamboule
Elle est le ressac et la houle

La vie la vie la vie la vie
La vie la vie la vie la vie

La chamade

La chamade
Mon cœur tu bats la chamade
Comme un tambour tu saccades
Le pas lourd du condamné
La chamade
Mon cœur tu bats la chamade
Pour le sort d'un camarade
A la prison emmené

Et ce rouge
Ce rouge sang dans mes veines
Qui frémit brûle et m'appelle
Ni calme ni résigné
Et ce rouge
Ce rouge sang dans mes veines
Comme celui du rebelle
Qui veut se battre et gagner

La chamade
Mon cœur tu bats la chamade
Pour les coups pour les brimades
Pour les discours mensongers
La chamade
Mon cœur tu bats la chamade
Pour tous ces enfants malades
Qui n'ont plus rien à manger

Et ce rouge
Ce rouge sang dans mes veines
Qui me chavire la tête
Et me fait mal à crier
Et ce rouge

Ce rouge sang dans mes veines
Comme celui du poète
Contre le mur fusillé

La chamade
Mon cœur tu bats la chamade
Pour la mortelle empoignade
Des soldats des émeutiers
La chamade
Mon cœur tu bats la chamade
Aux salves des fusillades
Dans les rues de mon quartier

Et ce rouge
Ce rouge sang dans mes veines
Comme un écho qui répète
Le cri des gens terrifiés
Et ce rouge
Ce rouge sang dans mes veines
Comme celui du prophète
A de faux dieux sacrifiés

La chamade
Mon cœur tu bats la chamade
Artichaut ou bien grenade
Ne me fais pas oublier
La chamade
Quand s'éveille la tornade
Pour le sourire ou l'œillade
D'une fille aux yeux mouillés

Le Far-West et les cow-boys, les Indiens, les bisons et les
[chevaux sauvages, les pionniers partis sur leurs
[charriots à la découverte de chimériques terres
[promises, les espaces infinis et les chevauchées
[fantastiques, les diligences, le chemin de fer, les saloons,
[la ruée vers l'or et les orpailleurs…
Ah qu'il est loin, le rêve américain !

America

J'ai parcouru jadis le nord de l'Amérique
De Denver à Reno de Saint Paul à Miami
J'ai traversé des paysages fantastiques
Me faisant des copains mais pas un seul ami
J'ai visité New York gigantesque Alphaville
J'ai rencontré des noirs et des jamaïcains
De Phœnix à Détroit de Boston à Nashville
J'ai cherché sans trouver le rêve américain

Made in
Metro Goldwyn
Dans tous mes souvenirs une image domine
La petite putain de Brooklyn
Qui ressemble à Marilyn

J'ai cherché dans West Side et Manhattan sur île
Dans le Bronx à Down Town chez les portoricains
Un secret bien gardé d'Amérique virile
Dans le base-ball et le football américain
Mais je n'ai trouvé que le sourire tranquille
D'une Junon de roc dominant la cité
Matriarche en béton qui brandit sur la ville
Haut dressé le flambeau de la cupidité

Made in
Metro Goldwyn
Sourire provoquant silhouette divine
La petite putain de Brooklyn
Qui ressemble à Marilyn

J'ai flâné dans Wall Street et à Greenwich Village
Au cœur de Central Park et aussi dans Harlem

Où l'on trouve parfois des maisons d'un autre âge
Au milieu des néons PanAm et Ibm
J'ai pu voir se dresser haut et sans retenue
Les hôtels les gratte-ciel les tours et les buildings
Et couler comme un fleuve dans les avenues
Le puissant dieu dollar ruisselant des holdings

Made in
Metro Goldwyn
Ses fesses bien serrées bien cousues dans son jean
La petite putain de Brooklyn
Qui ressemble à Marilyn

Le Texas des cow-boys a bien changé de rôle
De Dallas à Austin Abilène et Waco
Partout j'ai vu couler à grands flots le pétrole
Sous les derricks de Shell d'Exxon et Texaco
J'ai découvert aussi Chicago Bronzeville
Sous les enseignes Ford McCormick et Singer
Erré dans le ghetto la petite Sicile
A l'ombre de Capone Scarface et Dillinger

Made in
Metro Goldwyn
Sur son cœur tatoué le portrait de James Dean
La petite putain de Brooklyn
Qui ressemble à Marilyn

La Nouvelle Orléans ma ville blanche et rouge
De Français de cajuns de noirs et d'acadiens
Louisiane de mon cœur autour de Bâton Rouge
Tes créoles m'ont fait oublier tes indiens
J'ai retrouvé un peu de mon pays de France
Autour de tes bayous d'eau qui sentent le gaz

Si parfois mon hot dog était quelque peu rance
Je me suis enivré à tes accents de jazz

Made in
Metro Goldwyn
Son souvenir en moi planté comme une épine
La petite putain de Brooklyn
Qui ressemble à Marilyn

J'ai parcouru jadis le nord de l'Amérique
Mangé des hamburgers bu du Coca Cola
Mais chaque jour à tous mes rêves chimériques
Le fric et le business ont bien mis le holà
Je suis allé partout de Boston à Nashville
Enthousiaste ou rêveur parfois traînant mon spleen
Mais je n'oublierai pas le doux regard tranquille
De la petite putain de New York à Brooklyn

Made in
Metro Goldwyn
Derrière le sourire parfois l'on devine
Le désespoir d'une gamine
Qui broie du noir à Brooklyn
Made in
Metro Goldwyn

Ku Klux Klan

Je les ai vus surgir du bois en même temps
Ces fantômes masqués venus d'un autre temps
Leurs torches incendiant soudain le crépuscule
Projettent des lueurs de brasier dans le pré
Les flammèches et les feux éclairent en crépitant
Les longs suaires blancs de ces faux pénitents
Capuchons empesés longs cônes majuscules
Les cagoules se dressent dans le ciel empourpré

Cours cours cours petit noir qu'ils traitent de *negro*
Les molosses lâchés sur toi sont les plus gros
Cours vite petit noir cours dans le marigot
Tu dois sauver ta peau alors cours vite *go*
Entends se rapprocher les aboiements furieux
Les appels les lazzi et les cris injurieux
Se frayant un chemin dans la jungle des cannes
Ils veulent t'épingler les blancs du Ku Klux Klan
Ku Klux Klan
Ku Klux Klan
Ku Klux Klan
Ku Klux Klan

Au beau milieu du pré trônent les officiels
Juste au pied de la croix totem sacrificiel
L'on aperçoit aussi bras ouverts la potence
Et la corde nouée qui attend l'homme noir
Comme une mélopée s'élève vers le ciel
Une prière impie telle un chant démentiel
L'on devine déjà quelle sera la sentence
Jugement sans appel décision sans espoir

Cours cours cours petit noir qu'ils traitent de *negro*

Que tu sois effrayé que tu aies le cœur gros
Cours vite petit noir cours dans le marigot
Apprends qu'aux blancs les noirs ne sont jamais égaux
Entends se rapprocher les aboiements furieux
Les appels les lazzi et les cris injurieux
Se frayant un chemin dans la jungle des cannes
Viennent les néo nazis du maudit Ku Klux Klan
Ku Klux Klan
Ku Klux Klan
Ku Klux Klan
Ku Klux Klan

Du haut de son cheval qui piaffe en hennissant
Le Sorcier impérial invoque le Tout Puissant
Habit de carnaval et voix de matamore
Couvrant les hurlements les clameurs les abois
Son discours est un cri de violence et de sang
Qui réclame la mort de vingt noirs ou de cent
Egrenant des forfaits odieux qu'il remémore
Il enflamme la croix qui s'embrase et flamboie

Cours cours cours petit noir qu'ils traitent de *negro*
Ces sudistes haineux sont des durs intégraux
Cours vite petit noir cours dans le marigot
Dans ton pays les hommes ne sont pas tous égaux
Entends se rapprocher les aboiements furieux
Les appels les lazzi et les cris injurieux
Se frayant un chemin dans la jungle des cannes
Ils sont là les tueurs cruels du Ku Klux Klan
Ku Klux Klan
Ku Klux Klan
Ku Klux Klan
Ku Klux Klan

Sans même te juger ils ont scellé ton sort
Tu le sais petit noir le verdict est la mort
S'ils peuvent te saisir c'est sûr ils vont te pendre
Et pendront après toi bien plus d'un innocent
Pour toi pas de cercueil et pas de croque-mort
Ni faveur ni regret ni Ave ni remords
Aucune compassion ni pitié à attendre
Pour tes frères ou pour toi de ces fous grimaçants

Cours cours cours petit noir qu'ils traitent de *negro*
Tes féroces traqueurs se prennent pour des héros
Cours vite petit noir cours dans le marigot
Est-il un seul pays où les hommes sont égaux
Entends se rapprocher les aboiements furieux
Les appels les lazzi et les cris injurieux
Se frayant un chemin dans la jungle des cannes
Ils sont là derrière toi les loups du Ku Klux Klan
Ku Klux Klan
Ku Klux Klan
Ku Klux Klan
Ku Klux Klan

Elle m'a plusieurs fois effleuré de son aile.
J'ai plusieurs fois senti son souffle sur mon cou.
Je l'ai regardée en face une fois dans mon enfance.
Elle a failli me prendre à maintes reprises…
Mais tout comme vous je ne sais pas comment je la
[recevrai lorsqu'elle se présentera à moi
[le jour du dernier rendez-vous…

Un jour

Un jour je partirai
Puisant tout mon courage
Dans l'éclair d'un mirage
Au faîte de mon âge
Je me retirerai
Un jour je m'en irai
Emporté par l'orage
Par-delà les nuages
Dans de verts pâturages
Un jour je partirai

Emportant mes regrets
Emportant mes secrets
Dans un dernier transport
Je quitterai le port

Un jour je partirai
Sans heurt sans dérapage
Sans faire de tapage
Je tournerai la page
Un jour je m'en irai
Sans révolte et sans rage
Je prendrai le virage
Loin de mon entourage
Un jour je partirai

Emportant mes regrets
Emportant mes secrets
Dans un dernier transport
Je quitterai le port

Un jour je partirai

Vieil homme à peine sage
Miné par les ravages
De ce monde sauvage
Je me retirerai
Un jour je m'en irai
Ultime apprentissage
Je prendrai le passage
Vers d'inconnus rivages
Un jour je partirai

Emportant mes regrets
Emportant mes secrets
Dans un dernier transport
Je quitterai le port

Je me retirerai
Sans armes ni bagages
Sans le moindre équipage
Pour un dernier voyage
Un jour je partirai
Un jour je m'en irai
Sans tarder davantage
Empruntant l'attelage
De la Parque volage
Un jour je partirai

Et je m'envolerai
Du moins je le présage
Vers d'autres paysages
Vers de nouveaux visages
Et faudra pas pleurer

Mais le plus important n'est-il pas
D'exorciser ses coups de "blues"
De vivre pleinement
Et d'espérer ?

Vivre libre

Vivre
Comme l'oiseau bleu que l'on délivre
Libre
Comme un hibou comme un gnou comme un loup
Vivre
Comme un bateau ivre
Qu'on veut poursuivre
Folle chimère d'un vieux rêve jaloux
Vivre
Sous le soleil ou dans le givre
Libre
Vivre à Capoue à Cordoue à Corfou
Vivre
Comme dans ces livres
Où pour survivre
Il faut savoir devenir un peu fou

Vivre
Vivre debout en homme libre
Vivre
Vivre libre

Vivre
Réinventer un savoir-vivre
Libre
Mettant au clou tout ce qui nous bafoue
Vivre
Comme on s'enivre
De joie de vivre
Venir à bout de tous les garde-fous
Vivre
Quand un regard nous fait revivre

Vivre
Un amour fou comme un coup de grisou
Suivre
Une femme libre
Et puis poursuivre
Un rêve fou auquel on se résout

Vivre
Vivre debout en homme libre
Vivre
Vivre libre

Le mal de vivre, la joie de vivre

Le mal de vivre
C'est un ciseau d'acier qui vous sculpte le cœur
Un porc-épic de fiel de rage et de rancœur
L'ennui mortel qui plante son drapeau vainqueur
Le mal de vivre
C'est un couteau tranchant qui vous écorche vif
C'est un acide amer mordant et corrosif
C'est le malheur têtu qui se fait exclusif
C'est cette errance
Qui se heurte au mépris et à l'indifférence
Conduisant peu à peu à la désespérance
Au puits noir et profond du profond désespoir
C'est l'attirance
Pour les cristaux aigus cuisants de la souffrance
Qui appellent la mort comme une délivrance
En mendiant des regards pour tout dernier espoir

Le mal de vivre
Le mal d'aimer
Combat qu'on livre
A écumer
Il vous rend ivre
A blasphémer
Le mal de vivre
Comme un poison nocif qui va vous consumer

La joie de vivre
C'est une symphonie qui vous ouvre le cœur
Un arc-en-ciel déroulant son drapeau vainqueur
Un éclat de soleil comme un miel de liqueur
La joie de vivre
C'est cet amour si grand si fou si exclusif

Ce bonheur inouï radieux fou explosif
Cette folle passion vous dévorant tout vif
C'est cette errance
Par les sentiers joyeux de l'espérance
Qui ne croise jamais la moindre indifférence
Et lime pour toujours les dents du désespoir
C'est l'attirance
Pour ces regards ces voix disant la délivrance
Ces souvenirs heureux effaçant la souffrance
Pour chaque main tendue vers un nouvel espoir

La joie de vivre
C'est réclamer
Dans le grand livre
Le droit d'aimer
Il nous enivre
A nous damner
Le temps de vivre
Comme un philtre grisant qui vient nous enflammer

La joie de vivre
La joie d'aimer
La joie de vivre
Comme un philtre grisant qui vient vous enflammer

Tu la reconnaîtras

Un jour tu la verras
Au bord de ton chemin
Elle te prendra la main
Tu la reconnaîtras
Tu la reconnaîtras
Entre cent entre mille
A sa beauté fragile
Tu la reconnaîtras

Tu la reconnaîtras
A son regard farouche
Son rire et dans sa bouche
Un chant de liberté
Tu la reconnaîtras
Aux chemins qu'elle te montre
Qui vont à la rencontre
D'un flamboyant été

Tu la reconnaîtras
Quand la tendresse arrive
A sa source d'eau vive
Tu la reconnaîtras
Tu la reconnaîtras
Plus douce plus belle encore
Que la nuit que l'aurore
Tu la reconnaîtras

Tu la reconnaîtras
Quand parcourant le monde
Notre soleil inonde
Le champ du paysan
Tu la reconnaîtras

Alors que la nuit tombe
Au cri de la colombe
Au chant du partisan

Tu la reconnaîtras
Quand pour faire des outils
On fondra les fusils
Tu la reconnaîtras
Tu la reconnaîtras
Dressée dans la lumière
Quand tombent les frontières
Tu la reconnaîtras

Tu la reconnaîtras
A la promesse folle
Qui réveille et affole
Tes désirs les plus fous
Tu la reconnaîtras
A la joie qu'elle apporte
Et cette ardeur qu'elle porte
Met les hommes debout

Tu la reconnaîtras
Porteuse de ta chance
Alors tu renaîtras
Et tu la nommeras
Espérance...

L'on dit que "tout finit par des chansons".
Car si la vie, l'amour la mort sont des thèmes
[récurrents qui nous traversent tout au long de notre
[existence et nous touchent avec plus ou moins
[d'intensité selon les circonstances, n'oublions pas que
[nous avons trois armes imparables pour nous défendre
[et avancer : le rire, l'humour et la dérision.

Mon petit colibri

J'ai
Bien caché dans son nid
Sage comme une image
Lové dans son plumage
Comme si on l'eût puni
J'ai
Bien couché à l'abri
Bien au chaud dans sa cage
Mi hardi mi sauvage
Un petit colibri

Les dames raffolent de mon oiseau
Et ça fait rager les damoiseaux
Qui ne supportent pas qu'elles rient
En se moquant de leur canari

J'ai
Bien caché dans son nid
Sage comme une image
Lové dans son plumage
Comme si on l'eût puni
J'ai
Bien couché à l'abri
Bien au chaud dans sa cage
Mi hardi mi sauvage
Un petit colibri

Si vous le voyez ensommeillé
Gardez-vous bien de le réveiller
Paisible lorsqu'il est assoupi
Il peut se hérisser de dépit

J'ai
Bien caché dans son nid
Sage comme une image
Lové dans son plumage
Comme si on l'eût puni
J'ai
Bien couché à l'abri
Bien au chaud dans sa cage
Mi hardi mi sauvage
Un petit colibri

S'il vous plaît n'allez pas le toucher
Car vous pourriez bien l'effaroucher
Comme il a des façons de vaurien
Je ne pourrais répondre de rien

J'ai
Bien caché dans son nid
Sage comme une image
Lové dans son plumage
Comme si on l'eût puni
J'ai
Bien couché à l'abri
Bien au chaud dans sa cage
Mi hardi mi sauvage
Un petit colibri

Ne tentez pas de le caresser
De peur de voir soudain se dresser
Chez ce petit zoziau belliqueux
Sa belle crête et sa jolie queue

J'ai
Bien caché dans son nid

Sage comme une image
Lové dans son plumage
Comme si on l'eût puni
J'ai
Bien couché à l'abri
Bien au chaud dans sa cage
Mi hardi mi sauvage
Un petit colibri

Je l'offrirai sans plus hésiter
A celle qui saura le mériter
Elle pourra le garder pour toujours
Ce sera mon p'tit cadeau d'amour

J'ai
Bien caché dans son nid
Sage comme une image
Lové dans son plumage
Comme si on l'eût puni
J'ai
Bien couché à l'abri
Bien au chaud dans sa cage
Mi hardi mi sauvage
Un petit colibri

Au… bord… d'elle (?)

Quand je suis au bord d'elle
Calé dans mon fauteuil
Je peux me rincer l'œil
Nul ne me reconnaît
Quand je suis au bord d'elle
Les cheveux en bataille
Les pieds en éventail
Je revis je renais
Quand je suis au bord d'elle
Je peux toujours choisir
Au gré de mon désir
La fille qui me plaît
Quand je suis au bord d'elle
Je suis comme un acteur
S'la jouant séducteur
Mon bonheur est complet

Je vois des jouvencelles
Assis sous la tonnelle
Devant mon thé glacé
J'les trouve toutes belles
Pas pour un sou rebelles
Quand je les vois passer
Ces filles déambulent
Gracieuses funambules
Plantureuses ou menues
J'admire somnambule
Bien au chaud dans ma bulle
Leur corps à demi nu

Quand je suis au bord d'elle
Calé dans mon fauteuil

Je peux me rincer l'œil
Nul ne me reconnaît
Quand je suis au bord d'elle
Les cheveux en bataille
Les pieds en éventail
Je revis je renais
Quand je suis au bord d'elle
Je peux toujours choisir
Au gré de mon désir
La fille qui me plaît
Quand je suis au bord d'elle
Je suis comme un acteur
S'la jouant séducteur
Mon bonheur est complet

Passez jolies donzelles
Passez douces gazelles
De votre pas racé
Charmantes demoiselles
J'admire votre zèle
A vous montrer pressées
Quand votre croupe ondule
Déshabillée de tulle
Ronde mince ou charnue
Mon regard incrédule
Dans cette canicule
Est tout sauf ingénu

Quand je suis au bord d'elle
Calé dans mon fauteuil
Je peux me rincer l'œil
Nul ne me reconnaît
Quand je suis au bord d'elle
Les cheveux en bataille

Les pieds en éventail
Je revis je renais
Quand je suis au bord d'elle
Je peux toujours choisir
Au gré de mon désir
La fille qui me plaît

Pour moi la vie est belle
Quand je suis au bord d'elle
C'est là que je suis né…
….Ma Méditerranée…

Du même auteur :

« **Mais les mots qu'au vent noir je sème…** »
Poèmes ; Books on Demand
« **Autrefois, la Mékerra** »
Récit romancé : Books on Demand
« **Algérianes** »
Nouvelles : La Petite Edition
« **Eclats de vie** »
Nouvelles : Books on Demand
« **Les soliloques du fou** »
Roman : Books on Demand